Mantenere, allevare e addestrare i cavalli in modo naturale

Il libro del cavallo per una maggiore gioia nell'equitazione e un legame più stretto con il suo cavallo - inclusa la guida sanitaria

Paula Meyerhoff

CONTENUTI

Di cosa si tratterà

In questa guida, vorrei darle un'idea di come tenere, allevare e addestrare il suo cavallo come partner. L'attenzione si concentrerà sul fattore della gestione naturale. Le conoscenze teoriche di base saranno trasmesse con i relativi suggerimenti pratici. Nel frattempo, saranno affrontati temi come la comunicazione tra uomo e cavallo e l'allevamento adeguato alla specie. I neofiti del campo dell'equitazione otterranno una visione completa della mentalità degli amici a quattro zampe e del 'know-how' equestre. Anche i cavalieri esperti, che già portano il loro cavallo alle competizioni, troveranno tutto ciò di cui hanno bisogno, da un cambio di scenario nell'allenamento alle lezioni di dressage.

Quando si lavora con i cavalli giovani, il tema dell'addestramento viene trattato ampiamente.

Non prescrivo il modo "giusto" o "sbagliato" di montare un cavallo. Questa guida è solo una raccomandazione su come trattare i cavalli in modo adeguato alla specie. Voglio spiegare come può incoraggiare i cavalli senza forzarli a fare qualcosa di innaturale, e come può trascorrere del tempo con loro oltre a cavalcare.

L'obiettivo principale di tutti gli argomenti deve essere il piacere di cavalcare e l'armonia con il cavallo come partner.

Capire il cavallo come animale

Per poter lavorare con i cavalli, bisogna innanzitutto capirli. Forse non parlano la nostra lingua, ma si esprimono molto chiaramente. In passato, si pensava che i cavalli seguissero uno schema stimolo-risposta, ma presto ci si è resi conto che sono molto capaci di pensare e lo fanno in modo molto individuale. Noi umani possiamo reagire a ciò che pensano, se interpretiamo correttamente il comportamento del cavallo. È possibile capirli accettandoli fondamentalmente.

I cavalli sono animali da fuga e quindi sono sempre attenti e curiosi quando non si trovano in un ambiente o in un branco sicuro. Notano immediatamente quando una situazione potrebbe diventare pericolosa. Spesso sembra divertente se si tratta solo di un ramo che giace sulla strada, ad esempio. Ma tutto ciò che sembra insolito potrebbe rappresentare un pericolo. Con questa conoscenza preliminare, le situazioni possono essere mitigate ed evitate in anticipo, mettendoci nei panni del cavallo.

I cavalli mostrano il loro stato d'animo attraverso i suoni, il tatto e i cambiamenti di postura. Si può riconoscere chiaramente come si sente un cavallo o dove si trova la sua attenzione dalla posizione delle sue orecchie. Ma si può anche vedere negli occhi del cavallo, come in quelli degli esseri umani, lo stato d'animo in cui si trova.

Osservando i cavalli in una mandria, è possibile determinare rapidamente chi è il cane alfa e chi è il "sottocapo", cioè l'animale di rango inferiore. In una mandria di cavalli, spesso si verifica una lotta per la gerarchia. Tuttavia, non è solo una questione di chi ha più forza. I cavalli prestano attenzione anche alle esperienze comportamentali e alle abilità sociali. Per le persone che vogliono lavorare con i cavalli, la conoscenza della gerarchia è estremamente importante, perché i cavalli verificano anche il rango degli esseri umani e questo può portare a situazioni pericolose in caso di emergenza. Ecco perché deve sempre prestare attenzione a come si presenta a un cavallo.

Anche i cavalli non vogliono necessariamente essere il capo. Anche se una posizione di alto rango è attraente, spesso cercano sicurezza e protezione dai conspecifici e dagli esseri umani. Per esempio, se un cavallo si sdraia in presenza di un umano, questo è un grande segno di fiducia, in quanto si sente abbastanza sicuro da abbandonare l'osservazione dell'ambiente circostante e rendersi "vulnerabile".

Una base naturale e sana per l'allevamento

Tutte le esigenze del cavallo devono essere rispettate nel modo in cui viene tenuto. Per la loro salute fisica e mentale, hanno bisogno di luce, aria, compagni e esercizio fisico. I cavalli sono animali da corsa e si muovono in natura fino a 16 ore al giorno. Per questo motivo, il modo in cui vengono tenuti deve consentire soprattutto il movimento. Tenere un cavallo in un box tutto il giorno è pratico perché è sempre disponibile, facile da nutrire e solitamente pulito, ma è crudele per gli animali. Ecco perché, nel classico allevamento in stallo, deve essere garantito un accesso sufficiente al paddock con l'opportunità di contatti sociali con i 'compagni'.

Se un cavallo fa troppo poco esercizio, la noia si riflette rapidamente in un comportamento scorretto, come il disarcionamento e l'ondeggiamento. Quando si inarca, l'animale appoggia i denti su un oggetto orizzontale, tende i muscoli della parte inferiore del collo e aspira l'aria nell'esofago, producendo un suono di eruttazione. La tessitura è caratterizzata dall'oscillazione dell'animale da una zampa anteriore all'altra e dalla divaricazione delle zampe. La testa viene solitamente ruotata o allungata verso l'alto allo stesso tempo. Nessuno dei due disturbi comportamentali è fisicamente dannoso, ma ci mostrano che sono sotto stress psicologico.

Per rendere la scuderizzazione il più confortevole possibile, è consigliabile adattare la stalla alle esigenze del cavallo. Con più luce, aria e spazio di movimento possibile, idealmente anche un paddock vicino, la stalla sarà più adatta alla specie. Soprattutto, le dimensioni del box devono essere adeguate alla corporatura del cavallo.

I cavalli si sentono più a loro agio in una stalla libera o aperta. Possono fare abbastanza esercizio e, soprattutto, avere contatti con i loro simili.

L'ALIMENTAZIONE

Oltre all'esercizio fisico sufficiente, anche una dieta equilibrata fa parte dell'allevamento adeguato alla specie. Questo non significa che solo il cibo più costoso o più 'squisito' sia il migliore.

Con la giusta conoscenza del fisico del cavallo, delle sue esigenze e della sua digestione, ha una buona base per preparare l'alimentazione giusta per il suo cavallo. Per i cavalli con problemi di salute o per i cavalli sportivi, è consigliabile rivolgersi a un professionista. La paglia, il fieno, l'insilato (foraggio verde conservato per fermentazione) o l'erba costituiscono la base di una dieta equilibrata. Forniscono fibre, che eliminano le sostanze nocive dall'apparato digerente, lo sostengono in generale e puliscono l'intestino. Un cavallo dovrebbe ricevere circa 1,5 kg di foraggio grezzo per 100 kg di peso al giorno. Per un animale di 700 kg, ad esempio, si tratta di 10,5 kg di fieno, erba ecc. al giorno.

Oltre al foraggio grezzo, si può somministrare del mangime concentrato, a seconda di quanto il cavallo è in allenamento. Se il cavallo non ottiene abbastanza energia dal foraggio grezzo, può essere integrato con vari muesli o pellet. Questi contengono molti cereali, olio, vitamine, minerali e oligoelementi come il selenio o lo zinco. Ai cavalli sportivi viene solitamente somministrata anche l'avena. Per decenni, è stata il fornitore di energia su cui tutti contano, e i cavalli la adorano. Gli oli, come quelli ottenuti dai semi di lino, possono sostenere la resistenza del cavallo. Ai cavalli da corsa viene solitamente somministrato un mangime minerale supplementare, che contiene molto ferro, selenio e rame, per garantire un adeguato apporto di sostanze nutritive. Per le fattrici che allattano i puledri, esiste un mangime composto speciale, ricco di proteine, che fornisce loro un'alimentazione sufficiente.

Quando i puledri vengono svezzati dal latte materno, hanno anche bisogno di più proteine, che devono essere somministrate loro.

Pane, carote, mele, banane e simili possono aggiungere varietà alla dieta. Ma si consiglia prudenza: Lo zucchero e il lievito contenuti nel pane sono dannosi in eccesso, motivo per cui tutto dovrebbe essere somministrato solo in piccole quantità.

Lo stomaco del cavallo è piccolo. È quindi importante assicurarsi che tutto venga somministrato in piccole quantità regolarmente durante la giornata e non tutto in una volta. L'ideale è che i cavalli possano pascolare in un paddock durante il giorno, in modo da coprire già gran parte del foraggio grezzo, oltre al mangime concentrato.

LA SALUTE - IL TUTTO E PER TUTTO

Deve assumersi una grande responsabilità nei confronti dei cavalli. Soprattutto quando si tratta della salute degli amici a quattro zampe. La toelettatura quotidiana, in particolare, serve a mantenerli in salute. Il cavallo non viene solo strigliato, ma anche controllato per verificare la presenza di zecche, piccole ferite o aree troppo calde. Questo può prevenire gravi malattie che possono essere trasmesse dalle zecche, ad esempio. Soprattutto dopo che il cavallo è stato nel paddock o ha camminato nell'erba alta, deve essere controllato accuratamente per le zecche. Se nota una ferita aperta durante la toelettatura, la pulisca accuratamente prima. Si può poi applicare un unguento antisettico (disinfettante), come l'unguento allo iodio. Se nota delle macchie calde, deve assolutamente osservarle. Se l'area si gonfia, ad esempio, potrebbe essere un segno di danno ai tendini. Un veterinario deve assolutamente esaminare l'area.

Molti proprietari temono di trascurare i possibili sintomi e di non agire in tempo. È quindi importante essere informati sui sintomi più comuni, sulle loro conseguenze e sul trattamento.

PIANTE VELENOSE

Per evitare un avvelenamento, è importante controllare regolarmente il paddock. Le piante dannose per i cavalli possono sempre crescere. Tra queste ci sono l'**aconito e la monachella,** entrambe facilmente riconoscibili per il loro colore brillante e i fiori a forma di cappello. Il **tasso è** una delle piante più velenose per i cavalli. Si tratta di una conifera che spesso si trova in forma di cespuglio. In primavera, è facilmente riconoscibile per i suoi frutti rossi rotondi. Un altro esempio è l'**ambrosia, che si** trova spesso nei prati. Ha un'altezza di circa 30-100 cm e gli steli allungati sono sormontati da fiori di circa 2 cm e da circa 13 foglie gialle. Anche il **platano**, l'**erba di San Giovanni**, la **falsa**

acacia, il **bosso** e molte **piante e fiori decorativi sono** velenosi per gli amici a quattro zampe.

L'avvelenamento da piante può manifestarsi immediatamente o solo dopo giorni o settimane. I sintomi tipici sono sudorazione, problemi respiratori, tremori, schiuma alla bocca, diarrea e coliche.

COLICHE - ALLARME ROSSO

La colica è probabilmente ciò che la maggior parte dei cavalieri teme, poiché questa condizione può essere una questione di vita o di morte. Il termine colica è un termine collettivo per indicare qualsiasi tipo di dolore nell'addome del cavallo. Nella maggior parte dei casi, le coliche sono il risultato di un crampo intestinale. Questo si verifica a causa di disturbi nell'intestino. Quando c'è un disturbo, il movimento dell'intestino aumenta e altre parti si crampano, fino a quando l'intestino non funziona più. Di conseguenza, il cavallo non riesce più a defecare e l'intestino si blocca. In questo modo possono svilupparsi diversi tipi di coliche. Un esempio è la colica che si verifica quando ci alimentiamo in modo errato. Si verifica quando alimentiamo in modo errato. Troppi cereali e zuccheri, troppo poco foraggio o semplicemente troppo in una volta danneggiano l'intestino e portano alla stitichezza.

L'alimentazione è anche il fattore scatenante della flatulenza o della colica gassosa. Questo si verifica, ad esempio, se i cavalli non vengono fatti pascolare lentamente in primavera e mangiano erba fresca da un giorno all'altro. L'erba giovane è molto ricca di zuccheri e proteine. Se i cavalli ne mangiano troppa in una volta sola durante la loro prima passeggiata su un pascolo verde, questo porta a disturbi nell'equilibrio batterico, in quanto tanti nutrienti non possono essere utilizzati abbastanza rapidamente. Si produce gas, che poi si espande nell'intestino perché non può uscire.

Probabilmente il tipo peggiore di colica si verifica quando l'intestino si annoda. Questo interrompe l'apporto di sangue, causando la morte del tessuto. Se il cavallo non viene operato abbastanza rapidamente, è condannato.

Le forme più lievi di coliche non vengono operate subito; il trattamento da parte del veterinario nella stalla è spesso sufficiente. Il veterinario deve essere chiamato immediatamente se nota i seguenti sintomi: irrequietezza, svogliatezza, guardare ripetutamente la pancia e scalciare la pancia, rotolare, sdraiarsi ripetutamente e rialzarsi, sdraiarsi per lunghi periodi in orari insoliti e respirazione irrequieta. Se si sospetta una colica, è necessario contattare immediatamente il veterinario. Fino all'arrivo del veterinario, è importante prestare il primo soccorso rilevando i valori PAT (polso, respirazione, temperatura). Normalmente, ci sono da 28 a 40 pulsazioni e da 8 a 16 respiri al minuto, oltre a una temperatura corporea compresa tra 37,5 e 38,3 gradi Celsius.

È importante evitare che il cavallo assuma del mangime. È meglio spostare il cavallo da terra in un'arena al coperto, in modo che abbia la possibilità di rotolarsi in qualsiasi momento. Se il cavallo rimane sdraiato, deve essere incoraggiato ad alzarsi. Solo se il battito cardiaco è di 60 o superiore, non è consigliabile spostare il cavallo, in quanto ciò può portare a un collasso. In generale, mantenga la calma e presti attenzione al comportamento del cavallo fino all'arrivo del veterinario.

IL CONTROLLO DEL VETERINA-RIO

Se ci prendiamo cura dei cavalli e li manteniamo con cura e in modo adeguato alla specie, questo rappresenta più della metà della battaglia per mantenere la loro salute. Tuttavia, è consigliabile sottoporsi ad alcuni esami veterinari.

In generale, al momento dell'acquisto di un cavallo si dovrebbe effettuare un'ispezione di acquisto. Come per le automobili, anche per gli amici a quattro zampe esiste un MOT, che controlla tutto una volta. Un'ispezione di acquisto è praticamente un piccolo MOT. L'acquirente decide esattamente cosa esaminare. Le malattie o le lesioni gravi devono essere identificate. Nella piccola MOT, la pelle e il pelo vengono controllati in anticipo, il cuore e i polmoni vengono ascoltati e vengono presi il polso, la frequenza respiratoria e la temperatura. Vengono poi esaminati gli occhi, il sistema respiratorio e nervoso, il cuore, la bocca e le mele del cavallo, alla ricerca di eventuali anomalie. Viene controllato anche il sistema muscolo-scheletrico. La schiena viene controllata mediante palpazione e le gambe vengono ispezionate mediante stiramento. Facendo trottare il cavallo in avanti, il veterinario può determinare se l'animale cammina senza problemi o dolori. Dopo l'esercizio, il polso e la respirazione vengono controllati ripetutamente per diagnosticare eventuali tosse o differenze nei suoni respiratori.

È inoltre consigliabile far eseguire un emocromo se non conosce il venditore. Questo può rivelare se all'animale sono stati somministrati antidolorifici o altri farmaci.

Oltre agli esami minori sopra menzionati, vengono effettuate anche delle radiografie in occasione del MOT principale. Come standard, sono incluse 10 radiografie delle zampe, per esaminare più da vicino gli zoccoli, i garretti e i ganci. A seconda di quali anomalie sono già state riscontrate nel cavallo in vendita, dovrebbero essere radiografate anche le aree correlate. Il veterinario redigerà un rapporto con i risultati dell'esame, in cui sono elencate varie classi di risultati. Un reperto non significa necessariamente che il cavallo sia malato. A seconda della classe, le anomalie devono essere monitorate ulteriormente durante le visite di routine e deve essere effettuato il trattamento necessario.

Per immunizzare un cavallo contro le malattie infettive più comuni, è necessario effettuare alcune vaccinazioni. Quale vaccinazione viene somministrata, quando e con quale frequenza dipende dall'animale. I puledri dovrebbero essere vaccinati solo dopo i cinque mesi di età, poiché non producono ancora le sostanze necessarie per la vaccinazione. Durante questo periodo, è passivamente immune grazie agli anticorpi contenuti nel latte materno. Il modo in cui il cavallo viene tenuto, le specifiche delle organizzazioni di allevamento e l'uso previsto del cavallo determinano anche cosa viene vaccinato e come. Le vaccinazioni vengono generalmente somministrate contro il tetano (tetanica), il cimurro equino (infiammazione delle arterie), l'influenza equina (influenza) e anche contro il virus dell'herpes, emerso di recente (danni ai nervi).

Le vaccinazioni sono più efficaci quando l'intera mandria di una scuderia viene vaccinata contemporaneamente. Proprio come il trattamento di sverminazione, che libera il cavallo dai vermi che può aver preso al pascolo. Non raggiunge il suo scopo se non viene somministrato a tutti i cavalli di una scuderia nello stesso momento.

L'istruzione

Ci sono molte cose che i cavalli dovrebbero imparare, in modo da poterli gestire senza pericoli. Ai cavalli piace essere rudi con i loro compagni, di tanto in tanto. Le punzecchiature e le spinte fanno parte della vita di branco. Tuttavia, le prese in giro scherzose possono essere pericolose per gli esseri umani, in quanto gli animali sono molto più grandi e più forti. I cavalli sono animali aperti che ci includono nel loro comportamento sociale. Hanno bisogno di imparare dove si trovano le differenze rispetto ai loro conspecifici. Il buon comportamento deve quindi essere insegnato fin dall'età del puledro. Questo include non solo guadagnare il rispetto, ma anche costruire la fiducia. Già da puledri, i cavalli dovrebbero lasciarsi toccare ovunque.

Come noi umani, tuttavia, anche loro hanno luoghi che fanno il solletico. Devono imparare che non significa immediatamente che devono "ricambiare il solletico", ma che devono tollerare di essere toccati. Questo facilita anche il lavoro del veterinario o del maniscalco.

Dovrebbe rendere sempre chiara la sua posizione nella gerarchia, perché ai cavalli piace sempre verificare la loro posizione. Questo può essere riconosciuto da schiocchi, spinte e strattoni. Comportamenti come spingere o dare una gomitata agli umani spesso sembrano essere "carini", ma il cavallo vede gli umani come animali di rango inferiore in questi momenti. Il comportamento deve quindi essere sempre analizzato con attenzione. I piccoli giochi di potere ne fanno parte, ma bisogna reagire sempre in modo coerente.

Un "no" deciso o qualcosa di simile di solito è sufficiente. In caso contrario, dovrà essere molto più forte. Se ancora non c'è reazione, un gesto minaccioso, uno strattone alla corda del guinzaglio o un piccolo schiaffo possono aiutare. Se l'animale reagisce e smette di essere cattivo, deve essere lodato. La nostra postura è spesso sufficiente a far sì che un cavallo non ci metta alla prova così spesso, agendo con calma ma in modo chiaro e sicuro.

Dovrebbe reagire a qualsiasi situazione in modo controllato e calmo. Lo stress ostacola solo l'apprendimento. Anche gli animali non devono essere sovraccaricati. Possono diventare rapidamente esausti mentalmente e hanno bisogno di un po' di tempo per elaborare le nuove impressioni. I tempi delle sessioni di addestramento devono quindi essere adattati non solo al cavallo, ma anche al contenuto.

Lo stare fermi è un esercizio importante nell'addestramento. Poiché i cavalli sono animali da corsa, molti trovano difficile stare fermi. Tuttavia, questa è la base per molti esercizi e attività quotidiane da svolgere senza problemi. Un cavallo deve stare fermo dal veterinario o dal maniscalco, durante la toelettatura, la sellatura o la monta. Il comando "Stai!" deve quindi essere insegnato ampiamente fin dalla più tenera età. Che si tratti di condurre, legare o grattare, lo stare fermo deve diventare una cosa ovvia. Esercitarsi durante la legatura è particolarmente utile se accanto a lei c'è un altro cavallo che sa già stare fermo. Quando si esercita durante la conduzione, si assicuri che il cavallo capisca quale posizione deve assumere. La sua spalla deve essere vicina a quella dell'uomo. Una volta che il cavallo ha capito questo, di solito capisce da solo quando sta andando troppo veloce o troppo lento, o quando deve fermarsi. La posizione corretta quando si conduce ha anche a che fare con chi è il capo in quel momento. Se il cavallo è troppo avanti, l'uomo non può più esercitare alcuna influenza. Nelle andature quotidiane, è quindi importante rimanere attenti e coerenti! Soprattutto con gli animali giovani.

L'addestramento comprende anche il mettere e togliere la briglia e la sella a una certa età. Per natura, i cavalli non riconoscono questi oggetti e di solito vogliono liberarsene il più rapidamente possibile. Ecco perché la comprensione e la pazienza sono così importanti nell'addestramento. Se qualcosa non funziona subito o il cavallo non reagisce come descritto nei libri, non è la fine del mondo. Ogni cavallo reagisce in modo diverso e impiega più o meno tempo per imparare o interrompere l'abitudine.

Sebbene i cavalli siano animali da fuga, sono comunque curiosi. Se hanno paura di qualcosa o addirittura fuggono, si dovrebbe consentire loro di osservare da vicino l'oggetto temuto, il che aiuta i cavalli ad apprendere rapidamente. Se il confronto con oggetti insoliti come nastri svolazzanti, ombrelli o teloni di plastica viene praticato spesso, si riduce anche la timidezza generale verso le cose sconosciute. Con i cavalli particolarmente timorosi, spesso è utile che un cavallo esperto faccia da guida e mostri che non c'è alcun pericolo, perché i cavalli, come gli esseri umani, imparano con l'esempio. La ripetizione di ciò che è stato appreso è importante per ottenere risultati a lungo termine, indipendentemente dall'età dell'animale.

ESISTE UN GIUSTO E UNO SBAGLIATO?

No. Come appena detto, ogni cavallo pensa in modo diverso. In genere si possono seguire le previsioni comportamentali, ma la realtà riserva sempre delle sorprese. Gli errori sono parte integrante dell'addestramento degli animali, indipendentemente dal fatto che siano commessi da uomini o animali.

Coinvolgere, motivare e insegnare ai cavalli

I cavalli non si annoiano mai in natura. Sono impegnati con i loro compagni, a cercare cibo e a osservare l'ambiente circostante per proteggere la mandria. Occorre quindi offrire loro attività e varietà sufficienti.

MOTIVAZIONE ATTRAVERSO LA VARIETÀ

I cavalli giovani, in particolare, si annoiano rapidamente e diventano poco concentrati. Comprensibilmente, non vogliamo sentire le stesse notizie ogni giorno. Occorre quindi creare sempre nuovi stimoli. Il modo migliore per farlo è la natura. Durante le passeggiate o le corse, spesso si incontrano situazioni poco familiari. Che si tratti di un albero caduto o di un mucchio di pietre che non c'era l'ultima volta.

GIOCHI DI CAVALLI

I cavalli hanno per natura un forte istinto al gioco. Gli scienziati comportamentali sostengono che sia addirittura un segno di intelligenza superiore e che li mantenga in forma. I cavalli non solo possono giocare nel branco, ma anche noi umani possiamo divertirci con loro. Ai cavalli pigri e sonnolenti può essere restituita la gioia del movimento e i cavalli fastidiosi diventano più equilibrati. Inoltre, gli esseri umani e gli animali si conoscono meglio e la fiducia si rafforza.

Gli oggetti semplici facilitano il gioco. Una palla da ginnastica può essere annusata, stuzzicata o calciata in corridoio, sul campo o su un prato. Può anche giocare con il cibo. Con qualche leccornia o carota in tasca, può "scherzare" con i cavalli e anche giocare a prendere. Tuttavia, bisogna sempre tenere presente che i cavalli possono anche diventare troppo sicuri di sé. Pertanto, occorre sempre esercitare una certa cautela.

LAVORO A TERRA

Il lavoro a terra, come suggerisce il nome, si riferisce al lavoro con il cavallo da terra.

Offre una varietà nell'equitazione quotidiana ed è la soluzione perfetta per i cavalli che non possono essere cavalcati per brevi o lunghi periodi di tempo. Il cavallo viene esercitato delicatamente e il controllo del corpo viene migliorato. Oltre al fattore esercizio e varietà, il lavoro a terra rafforza la fiducia e rassicura il cavallo sul fatto che può contare sull'uomo. Questo rende anche molto più facile e piacevole insegnare ai cavalli cose nuove.

Un buon esempio è il backing up. Può preparare il cavallo per questa lezione di dressage perfettamente da terra. Si metta di fronte al cavallo in modo da guardarlo. Con il corpo eretto e sicuro, si avvicini all'animale. Idealmente, il cavallo si muoverà all'indietro senza che lei lo tocchi. In caso contrario, di solito è sufficiente un tocco delicato sul petto e il segnale "Indietro". Dopo qualche passaggio, l'esercizio funzionerà anche senza toccarlo. Fondamentalmente, qualsiasi esercizio può essere provato in anticipo utilizzando il lavoro a terra. Che si tratti di camminare nell'acqua, di correre sui teloni, di esercizi di dressage o di lavoro con i cavalletti. Da terra, i cavalli non vengono affrontati da soli, ma hanno sempre una persona di riferimento accanto a loro. Ed è proprio questo l'obiettivo: padroneggiare insieme le diverse sfide.

Se un esercizio funziona, sia al primo tentativo che dopo averlo provato a lungo, è importante lodarlo ampiamente. Tuttavia, questo non deve essere sempre fatto con un premio. Anche le carezze tra gli occhi sono un premio. Anche la voce ha un effetto gratificante se usata con un tono calmo. In caso contrario, si verificherà in poco tempo e il cavallo inizierà a svolgere dei compiti senza che gli venga chiesto nulla, al fine di ottenere delle leccornie. Questo tipo di accattonaggio dovrebbe essere evitato in primo luogo.

Addestramento con il clicker

Un altro tipo di ricompensa è il clicker. È più cono-
sciuto nell'ambito dell'addestramento dei cani, ma può
essere utilizzato con qualsiasi animale. Il clicker è un
piccolo dispositivo che contiene una rana che fa clic. Se
lo si preme, si sente il tipico suono del clic. Si addestra
un cavallo premendo il clicker una volta dopo aver
completato con successo un esercizio e poi dando immediatamente un premio. Questo viene praticato fino
a quando il cavallo non ha capito che il suono del click
è una lode. Un vantaggio del click è che può lodare anche da una certa distanza.

Il clic può essere combinato con il lavoro con il
bastone bersaglio. Si tratta di un bastone con una pal-
lina sulla punta. Quando il cavallo lo tocca con il naso,
viene lodato. L'animale associa qualcosa di positivo al
bastone. L'obiettivo è utilizzare il bastone target per
introdurre i cavalli a cose non familiari.

Lavoro Cavaletti

Lavorare con i cavalletti è un esercizio di consapevo-
lezza ed è pratico quando il cavallo è giovane, se si in-
tende lavorare sui salti in seguito. Prima di tutto, però,
è una ginnastica per ogni cavallo e per ogni cavaliere,
in quanto richiede una seduta salda. Niente funziona
senza equilibrio. I cavalletti sono pali lunghi circa 3

metri. Vengono posizionati a terra o sistemati per formare ostacoli alti da 40 a 80 centimetri. Possono essere allestiti in diversi modi.

Tuttavia, di solito ci sono diversi pali in fila. Un cavallo deve prima capire come può camminare al meglio su di essi. Per questo, all'inizio del lavoro con i cavalletti, deve essere condotto solo sopra di essi. Una volta che il cavallo sembra avere un passo più sicuro, può iniziare a passarci sopra al passo. Se anche questo funziona senza problemi, può passare al trotto e successivamente al cantering. Soprattutto, questo rafforza la sensazione del giusto ritmo. L'allenamento con i cavalletti è quindi consigliabile di tanto in tanto anche per i cavalieri specializzati nel dressage.

Il parco giochi per cavalli

Con i pali può fare ancora di più che costruire piccoli salti. Il parco giochi per cavalli è un po' meno incentrato sul tatto rispetto al lavoro con i cavalletti. L'obiettivo principale è divertirsi. Tuttavia, è necessaria anche la concentrazione. Se qualcosa va storto, non deve essere penalizzato. Dopo tutto, il cavallo sta imparando cose nuove e dovrebbe anche divertirsi. Anche gli errori fanno parte del gioco.

In pochi semplici passi si può costruire un piccolo labirinto o un quadrato di pali, attraverso il quale condurre gli amici a quattro zampe. Si tratta di una questione di flessibilità e di passo sicuro. Le curve strette non sono così facili per i cavalli. Devono spostare il loro equilibrio all'indietro. Questo esercizio è molto pratico per i cavalli più giovani che vengono preparati all'equitazione e darà i suoi frutti in seguito. L'equilibrio dei cavalli può essere allenato anche costruendo una "L" con dei pali. Il cavallo deve essere guidato in avanti e indietro attraverso questa struttura. Questo richiede concentrazione e coordinazione da parte di entrambi i partner.

Se ha qualche barile di latta o di plastica in giro, può utilizzarlo per uno slalom di barili. Possono essere assemblati in qualsiasi forma. Inizialmente, deve assicurarsi che ci sia abbastanza spazio tra i barili. Questo spazio può essere ridotto nel tempo per aumentare il livello di difficoltà. Oltre all'aspetto ludico, il risultato è che il cavallo diventa più flessibile.

Il coraggio è necessario quando si lavora con gli pneumatici delle auto. Se dispone di vecchi pneumatici, questi possono essere utilizzati anche durante il gioco. Questo è particolarmente indicato per creare fiducia, poiché per la maggior parte dei cavalli sarà il primo incontro con questo strano oggetto. Quindi, la prima cosa da fare è lasciare che il cavallo lo annusi per primo. Una volta che il cavallo ha acquisito familiarità con il pneumatico e sembra rilassato, può essere condotto ulteriormente verso di esso, fino a quando non vi inserisce uno zoccolo anteriore. In caso contrario, può anche aiutare un po' sollevando la zampa e posizionandola lentamente nel pneumatico. Se questo ha successo, deve essere lodato molto. Con un allenamento costante, si può lavorare per far sì che il cavallo stia in piedi con tutte e quattro le zampe in un cerchio contemporaneamente. Questo esercizio è particolarmente utile se le zampe devono essere raffreddate in secchi d'acqua a causa di una malattia, per esempio.

Ma ci sono anche molti altri modi per sviluppare un parco giochi per cavalli. Tutto ciò che serve è la creatività.

Affondo

Durante l'affondo, si lascia che il cavallo cammini in cerchio intorno a lei su una linea di affondo (lunga circa 9 metri). Il cavallo può indossare una briglia senza redini o un cavesson. Si tratta di una briglia costruita come un tipico archetto, solo che agisce sull'osso del naso e non attraverso la bocca. Se utilizza una briglia con morso, si raccomanda l'uso di occhiali da affondo. Gli occhiali da affondo sono una cinghia corta, solitamente in pelle, a cui sono attaccati dei moschettoni alle due estremità. Questi sono agganciati agli anelli del morso dal basso. La linea di affondo è collegata a un terzo moschettone al centro della cinghia. Utilizzando gli occhiali da affondo, l'effetto della linea di affondo non viene distribuito solo su un lato, ma in modo uniforme su entrambi i lati del morso.

Un sottopancia da affondo con redini ausiliarie può essere utilizzato per aiutare i cavalli a distendersi e a raccogliersi. Viene posizionato sul garrese come una sella. Ad esso sono attaccati alcuni anelli che consentono di agganciare le redini ausiliarie. Un esempio sono le redini triangolari. Sono costituite da 2 lunghe cinghie che vengono attaccate al punto più basso del sottopancia e poi passano tra le gambe anteriori fino agli anelli del morso. A questo punto vengono tirate e passano a destra e a sinistra del cavallo fino agli anelli, dove vengono fissate di nuovo. Si forma un triangolo tra l'anello del morso e il sottopancia. Le fruste sostituiscono il pugno di guida del cavaliere e hanno il solo scopo di sostenere l'allungamento e il contatto. Anche la frusta fa parte dell'attrezzatura di base necessaria per l'affondo. Si usa per inquadrare il cavallo. Deve sempre essere diretta appena dietro i quarti posteriori per spingere il cavallo in avanti. Si forma un triangolo tra il cavaliere, la testa e i quarti posteriori del cavallo. La frusta può essere agitata per intensificare la spinta. Per rallentare l'andatura, può essere diretta più indietro, in modo che il triangolo si apra e il cavallo abbia spazio nella parte posteriore.

L'affondo è particolarmente indicato come cambiamento nel programma di allenamento. Tuttavia, offre anche una buona alternativa se il cavaliere non può lavorare il cavallo dall'alto per motivi di salute, ad esempio, o se il cavallo non può essere cavalcato. In generale, l'affondo favorisce la concentrazione, la forma fisica e la coordinazione, nonché la fiducia. È utile anche per l'addestramento alla sella e per le lezioni per principianti. Il cavaliere può prestare la massima attenzione alla sua sella senza doversi concentrare al 100 per cento sulla velocità o sulla direzione in cui sta cavalcando. Lavorare sulla linea di affondo rende anche l'istruttore più a suo agio. Può intervenire meglio e concentrarsi maggiormente sulla seduta dell'allievo.

È importante ricordare che i lati devono essere cambiati regolarmente, poiché il cavallo si muove in una sola direzione durante l'affondo. Anche in questo caso deve pensare alla regolarità.

Equitazione

L'equitazione comprende l'arte generale dell'equitazione e il trattamento equo dei cavalli. Inizia quindi nel momento in cui si inizia a trattare con l'animale.

Il termine è stato reso popolare da Pat Parelli e Monty Roberts, entrambi ex cavalieri Ro-deo. L'obiettivo è stabilire un legame con il cavallo e non richiedere una prestazione che il cavallo non può fornire. Questo si può ottenere solo con regole chiare e una comunicazione corretta. L'addestramento corretto è caratterizzato da piccoli passi che si costruiscono l'uno sull'altro.

PAT PARELLI - EQUITAZIONE NA-TURALE

L'equitazione naturale secondo Pat Parelli consiste principalmente nell'addestrare le persone a comprendere al meglio il comportamento del cavallo. Soprattutto, il lavoro con il cavallo richiede fiducia reciproca, rispetto e comunicazione libera, tenendo conto dei diversi caratteri dei cavalli. Questo è ciò che descrive il termine 'horsenality'. Anche tra i cavalli ci sono animali estroversi e introversi. I diversi tipi di cavalli richiedono modi diversi di gestione. Alcuni esercizi devono essere affrontati in modo completamente diverso, affinché il cavallo capisca l'uomo. Si fa una distinzione tra cavalli con "cervello sinistro" e "cervello destro". I cavalli con il cervello sinistro sono coraggiosi, dominanti e calmi, mentre i cavalli con il cervello destro tendono ad essere sospettosi, riservati e timorosi.

Un ulteriore passo avanti nell'analisi della "cavallinità" è scoprire se un cavallo è introverso, cioè con poca voglia di andare avanti, o estroverso, con molta energia e voglia di muoversi . Questo porta alla seguente conclusione: un cavallo "cervello sinistro, estroverso" ha bisogno di molta varietà e impara rapidamente. Se il cavallo è "cervello sinistro, introverso", sa esattamente ciò che vuole e di solito non è disposto a fare di più. Il cavallo "cervello destro, estroverso" è un cavallo che diventa rapidamente ansioso e mette in discussione tutto. Un cavallo riservato e tranquillo appartiene alla categoria "cervello destro, introverso". Il comportamento che gli esseri umani scelgono quando hanno a che fare con un cavallo deve essere adattato in base alla categoria, ad esempio dominante o che ispira fiducia. Questo è l'unico modo per garantire una comunicazione equa e libera.

Esistono anche i "Sette giochi secondo Parelli". Anche questi sono progettati per ottimizzare la comunicazione tra gli esseri umani e i cavalli. I giochi si basano l'uno sull'altro. Tuttavia, il primo gioco può sempre essere incorporato nel mezzo.

"Il gioco dell'amicizia" costituisce l'inizio della serie di giochi. L'obiettivo è rassicurare il cavallo che non gli farà del male e che può fidarsi di lei. L'animale viene ripetutamente influenzato in modo positivo dall'essere accarezzato. Di tanto in tanto, però, si trova di fronte a situazioni o oggetti spaventosi. Ad esempio, potrebbe trattarsi di un cuscinetto da sella per un animale giovane. Questo viene ripetutamente posizionato sulla schiena del cavallo durante l'accarezzamento, poi viene accarezzato e tolto di nuovo. Durante questo periodo, il cavallo non deve essere legato, ma solo tenuto da una corda. Il cavallo deve avere la possibilità di spostarsi, se necessario. È anche importante che l'alternanza tra il confronto e le carezze avvenga con un ritmo costante. Questo permette al cavallo di anticipare la situazione. Questo gli dà un senso di sicurezza. L'obiettivo è che il cavallo impari che non gli accadrà nulla di male in presenza di esseri umani.

Il gioco numero due è **"Il** gioco del **porcospino"**. L'obiettivo è insegnare al cavallo a cedere alla pressione. Questo può essere utilizzato per insegnare i giri dell'avantreno e del retrotreno a terra, così come l'arretramento e l'abbassamento della testa. Prendiamo quest'ultimo come esempio: per prima cosa applichi una pressione leggera e costante dietro il pollice con la punta delle dita. Se il cavallo non risponde, la pressione viene intensificata. Se poi non succede nulla, si aumenta ancora un po'. Se il cavallo abbassa la testa, la pressione viene immediatamente e completamente rimossa. Il fatto che la pressione non segua è una connessione positiva per il cavallo. Dopo alcune sessioni di pratica, il cavallo capisce che deve rispondere alla pressione cedendo.

Il "Gioco della Guida" è il terzo livello del gioco. Si basa direttamente sul "Gioco del porcospino". Il cavallo deve imparare a cedere il passo all'uomo senza essere toccato. Ad esempio, se deve indietreggiare, l'animale viene avvicinato direttamente. Idealmente, andrà subito indietro se ha già capito che è necessario mantenere una certa distanza. Altrimenti, si può aiutare con un movimento della mano o facendo oscillare una corda. Ma anche in questo caso il cavallo non deve essere toccato. Questo viene praticato fino a quando l'animale si muove all'indietro quando la distanza viene ridotta.

Il quarto gioco è **"The Yo-Yo-Game"** (il gioco dello yo-yo). L'obiettivo è mandare indietro il cavallo in linea retta e poi ricaricarlo. Anche questo gioco deve essere giocato senza toccare il cavallo (tranne che per le lodi).

Segue il "Gioco del **cerchio".** Per questo, il cavallo viene affogato. L'obiettivo è che il cavallo mantenga l'andatura richiesta finché non gli viene chiesto di fare qualcos'altro. Nel frattempo, lei deve stare al centro del cerchio e non camminare. Non appena il cavallo esce dall'andatura richiesta, viene portato nel cerchio e rimandato fuori. Il cavallo capirà rapidamente che è più comodo rimanere nel cerchio. Se mantiene l'andatura corretta, viene lasciato in pace. Si possono anche incorporare dei cavalletti sul cerchio durante questo esercizio, per fornire una varietà.

Nel **"gioco laterale",** il cavallo viene prima allontanato applicando una leggera pressione sulla testa, poi sui quarti posteriori. Questo viene ripetuto fino a quando il cavallo si allinea e si sposta lateralmente. È utile eseguire questo esercizio davanti a un muro o a una recinzione, in modo che il cavallo non possa muoversi in avanti. È importante che l'esercizio sia praticato in modo uniforme su entrambi i lati del cavallo.

Il gioco finale è **"Il gioco dello schiacciamento". Si** posiziona a circa tre metri di distanza da un muro e poi chiede al cavallo di correre tra di loro. La distanza dal muro viene poi ridotta lentamente a un metro. Al cavallo deve essere concesso un momento di relax dopo il passaggio, in modo che combini questo con il comfort. Questo può darle molti vantaggi al momento di caricare su un rimorchio.

Ognuno dei giochi è mentalmente impegnativo per il cavallo. È quindi importante assicurarsi che non sia sovraccaricato. Anche il pensiero può essere molto faticoso.

MONTY ROBERTS - UNIRSI

Uno dei metodi speciali di Monty Roberts è il join-up. Originariamente era un'alternativa al "breaking", cioè all'addestramento forzato dei mustang selvatici. In un recinto rotondo (un'area circolare recintata), il cavallo si muove liberamente intorno all'addestratore, che si trova al centro. Mandando via il cavallo con dei segnali manuali o lanciando una corda di affondo in direzione dell'animale, l'addestratore vuole chiarire: "Se non vuoi venire da me, allora vattene". Se l'orecchio interno è diretto verso l'addestratore, egli sa di avere l'attenzione del cavallo. Poiché i cavalli sono animali da branco, dopo un po' sentiranno il bisogno di unirsi a qualcuno. Leccandosi le labbra, masticando e abbassando la testa, il cavallo segnala che si sta sottomettendo.

Se il cavallo lo esprime, l'istruttore passa leggermente davanti al cavallo per rallentarlo. L'istruttore si gira poi verso l'asse dell'animale con un angolo di 45 gradi e con lo sguardo abbassato. Questo è noto come "invitare il cavallo nel branco". Se il cavallo risponde, si avvicina all'istruttore e cerca il contatto - il cosiddetto join-up. L'istruttore può ora girarsi lentamente verso il cavallo e accarezzarlo prima tra gli occhi. In seguito, può anche grattarlo un po' su tutto il corpo per dargli il benvenuto. In natura, i cavalli si annusano a vicenda e si conoscono. Non c'è contatto visivo durante l'intero processo.

L'unione è ora seguita dal follow-up. Se l'istruttore inizia a camminare, ci si può aspettare che il cavallo lo segua. Il cavallo lo vede come leader e si è sottomesso.

Tuttavia, se l'animale non si avvicina all'istruttore, quest'ultimo può camminare un po' avanti e indietro, mantenendo un atteggiamento passivo nei confronti del cavallo e una distanza sufficiente. Se il cavallo continua a non reagire, viene allontanato di nuovo e il gioco ricomincia da capo.

Medicazione naturale

Per secoli, il cavallo è stato visto esclusivamente come un animale da fattoria. Spesso viene associato allo sport del dressage e alcune persone mettono in dubbio le intenzioni del cavaliere. I critici spesso dicono: "Il cavallo è solo un oggetto sportivo di bell'aspetto che deve esibirsi. Se non lo fa, si ricorre a mezzi più duri". Ognuno deve decidere da solo quali regole vuole seguire quando lavora con i suoi amici a quattro zampe. Solo perché alcuni comportamenti sono discutibili, non significa che il dressage sia una crudeltà verso gli animali. Eseguire lezioni in un test non ha nulla a che vedere con le lezioni di addestramento per il gusto di farlo, come nel circo. Il dressage è la base di tutto l'addestramento dei cavalli. L'obiettivo è migliorare la capacità di movimento dell'animale e stabilire una comunicazione raffinata tra cavaliere e cavallo. Il cavallo non è fatto per il dressage, ma il dressage è fatto per il cavallo. I muscoli del cavallo devono essere allentati, elasticizzati e ginnati. Solo in questo modo le lezioni di dressage possono essere padroneggiate con successo e in modo appropriato.

LA FORMAZIONE

Affinché un cavallo sia disposto a lavorare, ben educato e piacevole da cavalcare, ha bisogno di un addestramento accurato. L'addestramento di un cavallo si basa su una scala pubblicata dalla Federazione Equestre Tedesca (FN). Questa è suddivisa in diverse fasi. La prima fase è la fase di familiarizzazione, in cui si allenano il ritmo e l'elasticità.

Ciò significa che si presta attenzione all'uniformità dei passi e dei salti e che i muscoli si tendono e si rilassano senza tensione. Questa fase conduce allo sviluppo della potenza di spinta nella fase due. Qui si lavora già su una connessione stabile e morbida tra la bocca del cavallo e la mano del cavaliere.

Anche l'oscillazione deve essere sviluppata. Ciò significa che i quarti posteriori devono diventare più attivi per creare un movimento complessivo in avanti sulla schiena. Nella terza fase, l'obiettivo è sviluppare la potenza di trasporto. Per raggiungere questo obiettivo, entrambi i lati del corpo del cavallo devono essere allenati in modo uniforme, per compensare la naturale stortura che ogni cavallo possiede. Nella fase finale è anche importante costruire la raccolta. Per raggiungere questo obiettivo, i quarti posteriori devono essere addestrati ad abbassarsi di più. Questo può essere incoraggiato, ad esempio, lavorando sui cambi di tempo e sull'ingresso della spalla (una forma di movimento laterale). In alcuni casi, i singoli punti si sviluppano in parallelo e si sovrappongono alle tre fasi.

Lavorando da terra e con l'addestramento generale, oltre alle fasi lavoriamo anche sulla permeabilità e sull'equilibrio. Un cavallo viene addestrato in modo equo secondo questo concetto. La teoria dell'equitazione classica si basa sulle esigenze, sulle disposizioni individuali e sui requisiti fisici dell'animale. Deve essere ginnasticato e rafforzato in modo equilibrato. Ciò richiede un cavaliere con aiuti raffinati e un sedile equilibrato. L'obiettivo è quello di ottenere un cavallo volenteroso e fiducioso, pronto ad esibirsi. Questo pone le basi per un ulteriore addestramento.

Ai cavalli non si può insegnare nulla che la loro natura non sia in grado di fare da sola. Sono comunque in grado di eseguire tutte le lezioni di dressage, noi li addestriamo solo a eseguire una lezione con un aiuto specifico.

LA STRUTTURA DI UNA LEZIONE DI EQUITAZIONE DI SUPPORTO

Iniziamo con la fase di soluzione. È molto importante perché costituisce la base della formazione. Già qui si possono commettere degli errori. Troppo poco cammino, troppo poco avanti, assenza di figure di battuta dello zoccolo , giri troppo stretti, richiesta di lezioni troppo presto, ecc. Ecco perché è particolarmente importante prestare attenzione al cavallo in questa fase. Come suggerisce il nome, in questa fase il cavallo deve sciogliersi. Ciò significa che i muscoli e le articolazioni devono essere riscaldati e la circolazione stimolata.

Inizia con una fase di camminata. Di solito la durata è di circa 10 minuti, ma varia da cavallo a cavallo. Un cavallo sportivo si riscalda più rapidamente di un cavallo anziano. I frequenti cambi di andatura, i cambi di mano e le grandi linee curve aiutano a non affaticare troppo le articolazioni. Il tempo necessario per raggiungere l'obiettivo della fase di rilascio varia da cavallo a cavallo. Può testare la disponibilità all'allungamento "lasciando uscire le redini dalla mano". Può verificare se il cavallo è in piedi sugli aiuti spazzolandolo (spingendo il pugno della redine in avanti lungo la cresta della criniera). Se tutto funziona senza che il cavallo si scomponga, può passare alla fase successiva. Nella fase di lavoro, devono essere raggiunti tutti i punti indicati nella scala di addestramento.

Qui vengono testate l'uniformità, l'elasticità, la raccolta, la permeabilità, ecc. L'obiettivo da raggiungere in questa fase e il grado di verifica delle lezioni dipendono dal livello di prestazione del cavaliere e del cavallo. Gli obiettivi dell'allenamento devono sempre essere adattati al livello di formazione di entrambi i partner. Fondamentalmente, vale quanto segue: il contatto può essere incoraggiato cambiando l'andatura e variando i battiti dello zoccolo. La raccolta può essere migliorata con l'aiuto di parate (interazione di peso, gamba e aiuti di rinforzo), giri brevi (il cavallo gira di 180 gradi intorno al rovescio con l'avantreno) e arretramenti. Ci sono innumerevoli riviste e libri disponibili per fornirle ulteriori idee per l'allenamento, fornire varietà e fissare nuovi obiettivi. Può anche ottenere buoni consigli da cavalieri o allenatori esperti.

È importante fare delle pause tra un esercizio e l'altro. Bloccarsi su un esercizio è controproducente. Sia l'animale che il cavaliere si stancano e possono persino sentirsi frustrati. Ecco perché durante l'allenamento intensivo dovrebbe fare delle pause di qualche minuto per rilassarsi e fare un respiro profondo.

Una volta completata con successo la fase di lavoro, non provi a fare altro. La formazione deve sempre concludersi con un'esperienza positiva. Se qualcosa non va come previsto, non è la fine del mondo. Le cadute fanno parte della vita, altrimenti non ci sarebbero le cadute. In un basso, nessuno dovrebbe essere incolpato se qualcosa non funziona. Si tratta piuttosto di rendersi conto delle proprie carenze e di utilizzarle per svilupparsi ulteriormente. Spesso è semplicemente a causa della forma del giorno che qualcosa non va bene, sia per noi che per l'animale. Proprio come gli esseri umani, anche i cavalli hanno giornate negative quando non hanno abbastanza energia o la loro testa sta già girando mentalmente. Le fattrici, in particolare, hanno spesso un temperamento mutevole. Non deve incolpare il cavallo o se stesso. C'è sempre un nuovo giorno. Infine, è necessario eseguire una lezione che sicuramente si concluderà con un risultato positivo. Una volta soddisfatti di questo, inizia la fase di rilassamento. La lezione termina con un trotto leggero e rilassato e con il "lasciare le redini fuori dalla mano". Segue una fase di camminata adattata all'addestramento, in cui il cavallo può allungarsi in avanti e in basso. Deve quindi inarcare la schiena e scendere attivamente con i quarti posteriori, in modo da poter camminare liberamente dalla spalla.

LE LEZIONI DI DRESSAGE

Il "dressage" o meglio la formazione delle lezioni non serve al cavaliere, ma alla ginnasializzazione del cavallo. Pertanto, non solo viene sfidato, ma soprattutto incoraggiato. Le incoerenze o addirittura i problemi possono essere risolti attraverso diversi esercizi. Nel dressage, queste lezioni vengono mostrate durante un test in base alla classe. Esamineremo gli aiuti necessari e la corretta esecuzione delle lezioni più comuni.

Durante l'**inversione**, il cavallo si muove all'indietro in diagonale in doppio tempo. Il cavallo esegue dei calci e non dei passi come di consueto. Normalmente un cavallo cammina in un tempo di quattro battute, quindi posiziona ogni zoccolo individualmente. Quando fa retromarcia, tuttavia, il cavallo cammina con un tempo di due battute, cioè simultaneamente davanti a destra e dietro a sinistra, poi simultaneamente davanti a sinistra e dietro a destra. Questa lezione richiede che il cavaliere abbia una seduta equilibrata e che il cavallo segua gli aiuti. Per evitare errori, l'esercizio deve essere iniziato da terra. Il tempismo è molto importante in questo caso, per cui bisogna prestare attenzione a ogni movimento del cavallo. Questa lezione può essere eseguita da qualsiasi andatura. Una volta che il cavallo ha parato ed è in piedi, si deve pensare prima di tutto in avanti. Non appena il cavallo vuole fare il primo passo nella spalla, può pensare all'indietro. Alleggerisca leggermente la schiena del cavallo per dargli spazio per muoversi all'indietro. Ora aumenti la spinta e dia una mezza parata. A seconda dell'assetto del cavallo, gli aiuti di guida e di alleggerimento devono essere aumentati o ridotti. L'obiettivo è un cavallo raccolto e chiaramente fuori dai piedi.

La **girata corta è** una girata dei quarti posteriori in cui il cavallo gira di 180 gradi intorno ai quarti posteriori con l'avantreno. Importante: il cavallo non deve fare un passo in avanti, ma solo di lato. Il prerequisito è che il cavallo sia raccolto e che i suoi quarti posteriori possano sopportare il peso.

Il giro corto viene avviato dal cavaliere che fa una mezza parata per raccogliere il cavallo. Poi lo posiziona all'interno. L'equilibrio viene poi spostato verso l'interno, la gamba esterna inizia a guidare con attenzione e la direzione viene indicata con la mano interna. La gamba esterna non deve essere troppo arretrata durante questo processo, in quanto ciò attiverebbe i quarti posteriori e il cavallo entrerebbe in un cedimento della gamba. Una volta che il cavallo è tornato sullo zoccolo, questo viene raddrizzato.

L'equitazione **al centro del trotto e del canter** ginnica molto bene i cavalli e rafforza in particolare i quarti posteriori. Questa lezione mostra quanto il cavaliere possa influenzare l'animale. Spesso si pensa che il cavallo debba solo avanzare più velocemente, ma non è questo l'obiettivo. L'obiettivo è quello di aumentare la lunghezza delle falcate e di far sì che il cavallo si sottopassi attivamente con i quarti posteriori. Per raggiungere questo obiettivo, il cavaliere rafforza gli aiuti alla guida e, allo stesso tempo, fa riprendere il cavallo davanti, in modo che faccia un passo verso la mano del cavaliere. Il prerequisito per questo è che ci sia un contatto costante e che l'animale risponda bene agli aiuti delle gambe e del peso del cavaliere.

Il **trotto raccolto e il canter** mostrano il contrario. I quarti posteriori assumono più peso, le falcate si accorciano e c'è un momento di sospensione leggermente più lungo tra le falcate.

Per molti cavalli, il **canter esterno è** difficile perché non riescono a bilanciarsi a sufficienza. Inoltre, di solito non hanno la forza nei quarti posteriori per sostenere il carico. Tuttavia, con un po' di pratica, tutto è possibile. All'inizio, il cavallo viene guidato nel canter a mano e poi viene introdotto il cambio di mano. Una figura pratica per il battito degli zoccoli è "spazzare fuori dall'angolo". Una volta che si passa alla nuova mano, è necessario mantenere il cavallo sulla vecchia mano. Ciò significa che la gamba interna rimane dietro come se fosse la gamba esterna e il cavallo è ancora leggermente girato verso l'esterno. È importante

sostenere l'equilibrio del cavallo il più possibile su .
Questo mostrerà anche se il cavallo è sugli aiuti e in
raccolta.

L'**ingresso alle spalle è un'**ottima lezione per migliorare l'elasticità e l'equilibrio del cavallo, nonché la sua
raccolta. Il cavallo viene posizionato dalla testa fino a
poco dietro le spalle verso l'interno, in modo che si
muova su un totale di 3 battiti di zoccolo e sia posizionato a circa 30 gradi rispetto all'arena o al confine
dell'arena. Tuttavia, non deve essere piegato troppo.
La cosa migliore è cavalcare la spalla da un cerchio.
Quando si avvicina al lungo rettilineo, la posizione
viene mantenuta, ma il cavallo viene guidato dritto
lungo il binario con la redine interna. La redine esterna
può essere aperta leggermente per dare al cavallo lo
spazio per muoversi. È importante che il cavaliere ri-
manga eretto in sella. Se sposta il peso, sbilancia il
cavallo. Il shoulder-in può essere guidato al passo, al
trotto e al canter.

La **resa delle gambe è un'**ottima lezione, soprattutto
per i principianti, per capire l'interazione tra peso,
gamba e aiuti di rinforzo, in quanto questi devono essere molto ben coordinati per padroneggiare

l'esercizio. Simile all'entrata in spalla, il cavallo si muove su diversi zoccoli. In questo caso, ogni zoccolo è su un battito di zoccolo, il che significa che vengono utilizzati in totale quattro battiti di zoccolo. Il cavallo è posizionato a un massimo di 45 gradi. All'inizio, può anche essere posizionato verso il binario, il che può aiutare con le linee. Altrimenti, di solito il cavallo gira sulla linea centrale o sul quarto e da lì cambia attraverso l'arena. Per fare questo, il cavaliere sposta il peso su un lato e spinge con la gamba interna, alla quale il cavallo deve cedere. È importante che il cavaliere non si muova solo lateralmente, ma anche in avanti. La gamba esterna rimane in contatto con il sottopancia. La redine esterna viene utilizzata per stabilire i limiti. La redine interna viene utilizzata per dare posizione. Tuttavia, il cavallo non deve essere piegato, ma deve andare dritto. Ecco perché questa lezione non fa parte dei movimenti laterali.

Il **traverso,** invece, è uno dei movimenti laterali. Viene eseguito al trotto raccolto o al canterino raccolto. Come per i cedimenti delle gambe e l'ingresso delle spalle, il cavallo si muove in avanti e lateralmente, ma è piegato e posizionato. A seconda del livello di difficoltà, il cavallo si muove attraverso l'intera arena o, nelle classi più alte, solo attraverso la metà dell'arena.

La lezione viene introdotta con mezze soste per raccogliere il cavallo. Quando si passa dal lato corto al lato lungo, si mantiene la curva e la posizione dalla curva. Il gluteo interno viene caricato, la gamba interna guida e mantiene il cavallo nella curva, mentre la gamba esterna si trova dietro il sottopancia e avvia il movimento in avanti e laterale. La redine interna può essere utilizzata per sostenere il movimento laterale. La gamba esterna ha un effetto limitante. Una mezza traversata viene cavalcata solo verso o dalla linea centrale. Nella traversata a zigzag, il cavaliere gira verso la linea centrale e percorre la traversata fino alla linea dei quarti.

A quel punto, il pilota cambia e attraversa la linea centrale fino alla linea dei quarti dall'altra parte. Il pilota cambia di nuovo e poi percorre solo la linea centrale. La traversata termina lì.

La traversata può essere percorsa anche al galoppo. Nei punti di cambio si esegue un cambio volante.

I semplici cambi di canterello richiedono e promuovono la permeabilità del cavallo. Il prerequisito per questo è che il cavallo sia in grado di parare con calma e fluidità dal canter al cammino e possa anche cantare dal cammino. Una volta consolidato questo aspetto, si può lavorare sui cambiamenti. Nel cambio di canter semplice, il cavallo viene parato dal canter al passo e viene cavalcato per circa una lunghezza di cavallo. Il cavallo viene prima guidato dritto e poi passa all'altra mano. Il cavallo viene poi portato di nuovo al cantering con la nuova mano. Il modo migliore per esercitarsi è quello di "cambiare attraverso il cerchio" o "girare fuori dall'angolo". Il "giro fuori dall'angolo" viene eseguito al canter in mano. Una lunghezza di cavallo prima di raggiungere il battito dello zoccolo, il cavallo viene parato al passo e cambiato. Il cavallo viene poi portato di nuovo al canter con la nuova mano. La stessa procedura viene seguita su un cerchio. Viene "cambiato fuori dal cerchio" e il cavallo viene parato su X, riposizionato e fatto cantare di nuovo.

Se il cambio semplice funziona bene, può iniziare a lavorare sul **cambio volante.** Le figure di battuta degli zoccoli adatte in questo caso sono anche "cambio fuori dal cerchio", "giro fuori dall'angolo" e "cambio attraverso tutta l'arena". Prendiamo l'esempio del "cambio in tutta l'arena". La figura del battito degli zoccoli viene cavalcata nel canterello a mano. X è il punto in cui deve avvenire il cambio volante. Per iniziare, si può posizionare un cavaletto sul punto in cui si vuole saltare come aiuto. Poi può passare a un'asta appoggiata a terra. Se anche questo funziona, può toglierlo ed esercitarsi senza ausili.

I cambi di serie sono richiesti solo dal livello avanzato in su. Si tratta di una serie di cambi al canterino volante. Si distingue tra cambi singoli, doppi, tripli e quadrupli. Nel cambio singolo, si esegue un cambio volante a ogni salto al canter. Il cavallo rimane dritto. Il doppio cambio avviene dopo ogni secondo salto al canter. I cambi tripli avvengono dopo ogni terzo salto al canter e i cambi quadrupli dopo ogni quarto salto al canter. La difficoltà maggiore consiste nel mantenere lo stesso tempo e ritmo.

I **renver** possono essere utilizzati per guidare un cavallo sugli aiuti interni. Il corpo del cavallo è diretto verso l'interno, lontano dalla guida sul lato lungo. Tuttavia, il cavallo è posizionato verso la guida. Il peso viene applicato unilateralmente nella direzione del movimento e la redine interna spinge i quarti posteriori lateralmente. La redine interna limita e la redine esterna indica la direzione.

Il **piaffe è** una lezione che richiede una raccolta assoluta, perché il movimento di trotto del cavallo è così raccolto che il cavallo si muove in avanti solo in minima parte. La mano posteriore del cavallo passa molto sotto il corpo. Gli zoccoli sono sollevati al livello della testa del nodello. La misura in cui un cavallo solleva gli zoccoli da terra si chiama cadenza.

Il prerequisito è che il cavallo sia in grado di piegare le articolazioni dell'anca, del ginocchio e del garretto e di portarsi da solo. La sfida più grande è mantenere il ritmo. Il cavaliere si siede basso in sella. La sua mano esterna rallenta il movimento in avanti, mentre la mano interna mantiene il cavallo dritto ed eretto. La quantità di spinta varia da cavallo a cavallo, ma in genere la gamba si trova a circa metà della larghezza della mano dietro il sottopancia. Viene spinta alternativamente a tempo con i calci per incoraggiare i quarti posteriori a muoversi allo stesso ritmo.

Il **passaggio, invece,** è anche un movimento di trotto raccolto, ma la fase di sospensione tra i passi è notevolmente prolungata. Il passaggio è meglio iniziato dal piaffe. Il cavallo è ancora condotto indietro al trotto. Ciò significa che il movimento in avanti viene intercettato nella parte anteriore. Tuttavia, il movimento in avanti non viene rallentato durante il passaggio. La cadenza del piaffe deve essere mantenuta e integrata da una fase di sospensione prolungata.

La **piroetta** può essere eseguita al passo, al canterello o come piaffe. Non tutti i cavalli sono anatomicamente predisposti per eseguire perfettamente questo esercizio. Lo vedremo con l'esempio della piroetta al canter: In questo caso, l'avancorpo del cavallo si muove in un piccolo cerchio intorno ai quarti posteriori. Una piroetta completa consiste in sei-otto salti al canter in cui il cavallo gira una volta a 360 gradi. Una mezza piroetta è solo un giro di 180 gradi con tre o quattro salti.

Per preparare lentamente ma inesorabilmente i cavalli a questo, dovrebbe praticare il canter in spalla sul lato lungo. Anche il traverso può aiutare nella preparazione. Una volta che il cavallo procede in un canterino raccolto, il lavoro può iniziare. L'aiuto del peso viene spostato fortemente verso l'interno. La gamba interna e la redine interna assicurano la flessione e la posizione. Il cavallo è guidato e limitato dalla gamba esterna e dalla redine esterna. Ogni salto al canter deve essere guidato come se si stesse dando un aiuto al canter. È importante che venga allenata anche l'interruzione della piroetta. Il raddrizzamento da un movimento laterale così forte non è facile e richiede un alto grado di tatto e di permeabilità.

CLASSI DI DRESSAGE

Il dressage è suddiviso in diverse classi per differenziare l'ambito delle prestazioni. Anche per i giovani cavalieri, ad esempio, ci sono **gare di lead rein e lunge**. Queste formano una classe separata di competizioni equestri. Segue il **dressage E**. E significa principiante e, come suggerisce il nome, ha lo scopo di fornire un'introduzione all'equitazione di dressage.

Tutti iniziano una volta sola ed è proprio per questo che è ideale. A partire da questa classe, i test di distinzione (ad esempio, il distintivo di equitazione sette) devono essere sostenuti prima dell'esposizione, per garantire che il cavaliere soddisfi i requisiti. Soprattutto a livello di principiante, le capacità del cavaliere e le abilità del cavallo possono essere sopravvalutate. Non viene testata solo la guida pratica delle lezioni di una classe corrispondente, ma anche le conoscenze teoriche di base. Il test mira a dimostrare la padronanza di tutte le andature di base su figure di zoccoli come il cerchio, le serpentine o il mezzo passo. La maggior parte dei test di classe E vengono eseguiti in una sezione. Questo dimostra che il cavaliere ha il controllo del proprio cavallo e che ha la sensibilità di lavorare insieme ad altri cavalieri. Il test deve essere armonioso e sincronizzato. Vengono valutati la seduta del cavaliere, la cavalcabilità del cavallo e l'impressione generale trasmessa durante il test. In linea di principio, il test dura solo tre minuti, ma questi tre minuti richiedono concentrazione e possono essere molto faticosi.

Segue il **test di dressage A**. A sta per principiante, ma non significa che sarà facile. Il corso si basa su ciò che è richiesto nel test di dressage E. Inoltre, ci sono esercizi un po' più impegnativi, come il backing up, che ha lo scopo di dimostrare che il cavallo è raccolto. Questo permette anche ai giudici di vedere se il cavaliere ha un'idea degli aiuti che può dare attraverso il suo sedile. Un'altra lezione è "lasciare le redini fuori dalla mano". I giudici vogliono vedere se i muscoli del cavallo sono rilassati o se è teso. Il sovrallenamento mostra se il cavallo sta seguendo gli aiuti giusti. Inoltre, non vengono testate solo le andature di base, ma anche il rinforzo per il trotto centrale e il canter centrale. Questo dimostra se il cavaliere ha il controllo sul cavallo e può influenzare la velocità in qualsiasi momento. Inoltre, il cavaliere deve essere in grado di ridurre/allargare l'arena e di guidare con precisione. Anche in questo caso, cavallo e cavaliere devono presentare un'immagine armoniosa.

Anche se viene descritta come una classe facile, il **dressage L è** tutt'altro che semplice. Oltre ai requisiti della classe A, c'è anche la raccolta. Il cavallo deve scendere attivamente con i quarti posteriori. Ciò significa che non deve essere mostrato solo il trotto e il canter aumentato, ma anche il trotto e il canter raccolto. Le transizioni devono essere chiaramente riconoscibili. Sono inclusi anche i giri al trotto e il giro dei quarti posteriori (anche: giro corto). Questo permette ai giudici di riconoscere se il cavallo può essere piegato e posizionato e se si trova correttamente sugli aiuti. Per riconoscere se il cavaliere ha raccolto il cavallo, è necessario mostrare il canter esterno. In generale, il test consiste in molte figure di battuta degli zoccoli che includono cambi di mano. Ad esempio, cambi di mano fuori dal cerchio o giri di mano fuori dall'angolo.

A questo segue la **prova di dressage M**. M sta per livello medio e questi sono già a livello professionale. Nelle classi sopra citate, l'arena era sempre di 20 per 40 metri. Nel dressage medio, le dimensioni possono essere di 20 x 60 metri. Le lezioni sono sempre condotte con un morso a ricciolo. Oltre alle lezioni delle classi precedenti, vengono mostrati movimenti più laterali, come il traverso e l'entrata in spalla. Sono richiesti anche rinforzi al trotto e al canter. I cambi di ritmo, il rinforzo e la raccolta devono essere padroneggiati in modo sicuro. Verranno testati anche i primi cambi di volo, in preparazione alle classi superiori.

Classe S, la più difficile di tutte. Anch'essa viene solitamente cavalcata con un morso a cordolo e dura tra i cinque e i sei minuti. Qui sono richieste le variazioni più impegnative delle lezioni.

Ciò significa che non deve essere mostrata solo la traversata, ma anche la traversata a zigzag e i cambi di traversata al canter. Devono essere mostrati anche il piaffe, il passaggio, i renver, i cambi di canter, i giri e la piroetta. A livello internazionale, si fa una distinzione tra il St. Georg, il Grand Prix e il Grand Prix Special.

Il coronamento del dressage è il freestyle, noto anche come dressage freestyle. Si applica la stessa performance equestre dei movimenti, ma questi devono essere presentati con la musica. Viene quindi sviluppata una coreografia adeguata. Il cavaliere decide per sé e per il suo cavallo quali lezioni scegliere e in quale ordine eseguirle. La scelta della musica può spaziare dalla classica al pop.

I test vengono valutati su una scala da zero a dieci. Zero significa che non è stato eseguito e 10 significa che la corsa è stata eccellente. Tuttavia, sono possibili anche dei punteggi intermedi, come 7,8 o 8,3. In questo modo, i giudici danno una ponderazione al punteggio. Il punteggio complessivo è composto dai singoli punteggi delle lezioni. Se un cavaliere cade, vengono detratti 2,0 punti. Una cavalcata al di sotto di 5.0 non sarà più classificata.

Dalla classe elementare in su, non c'è un solo giudice, ma tre. Il punteggio non è quindi un voto, ma un numero di punti.

Come già detto, a prescindere dalle diverse classi, in ogni competizione si presta sempre attenzione al quadro generale. Cavaliere e cavallo devono lavorare insieme in modo armonioso. La comprensione della natura del cavallo, una seduta equilibrata e gli aiuti corretti sono fondamentali per questo.

1ª edizione

Contatto: Psiana eCom UG/ Berumer Str. 44/ 26844 Jemgum

Disegno di copertina: Fenna Larsson

Foto di copertina: depositphotos.com